TRAITÉ

DE LA

FOURNITURE GÉNÉRALE

Des Alimens, Médicamens, Lits, Uſtenſiles, & autres Effets acceſſoires, dans les Hôpitaux militaires du Royaume;

À compter du 1.*er* Juillet *1781*, au 1.*er* Juillet *1793*.

A PARIS,

DE L'IMPRIMERIE ROYALE.

M. DCCLXXXI.

CONDITIONS fous lefquelles JEAN
MOREL, Bourgeois de Paris, y demeurant
rue Saint-Florentin, paroiffe de la Magde-
leine, pour & au nom des Adminiftrateurs des
Hôpitaux militaires, qu'il a préfentés pour
fes cautions, fe foumet & s'oblige envers LE
ROI & Monfeigneur le Marquis de SÉGUR,
Miniftre & Secrétaire d'État ayant le département de la Guerre, de fournir pendant douze
années confécutives, qui commenceront le
1.er Juillet mil fept cent quatre-vingt-un, les
lits, effets & uftenfiles, alimens & médicamens,
& toutes chofes généralement quelconques,
néceffaires pour la nourriture & le traitement
des Soldats, Cavaliers & Dragons des Troupes
de Sa Majefté & de fa Maifon militaire ;
enfemble des Maifons militaires des Princes,
& de tous autres malades, bleffés & vénériens
qui feront envoyés dans les Hôpitaux militaires
des provinces de Flandre, Artois, Picardie,
Haynault, Champagne, Lorraine, Évêchés,
Alface & comté de Bourgogne ; comme
auffi aux Officiers & Cadets-gentils-hommes
d'Infanterie, Cavalerie, Dragons des Troupes
ordinaires des Maifons militaires de Sa Majefté
& des Princes.

ARTICLE PREMIER.

LEDIT Jean Morel fe charge, conformément à
l'Ordonnance de ce jour, de fournir dans les Hôpitaux
militaires fufmentionnés, tous les lits, effets, uftenfiles

A

néceffaires au fervice defdits Hôpitaux , & les alimens & médicamens qu'exigera le fervice des malades qui y feront reçus.

2.

CES fournitures étant entièrement différentes dans leur nature , il a été convenu avec ledit Jean Morel, qu'il entretiendra, dans tous les Hôpitaux militaires, tous les lits, effets & uftenfiles qui y feront néceffaires , au moyen d'un abonnement annuel ; & qu'il fournira les alimens, médicamens & articles acceffoires, au moyen d'un prix qui fera réglé à la journée du malade , en fe foumettant de remplir à cet égard les obligations qui lui font impofées.

3.

EN conféquence , il a été arrêté un État de fixation des lits néceffaires au fervice de chaque Hôpital , en raifon de l'ordre dans lequel il eft claffé par l'Ordonnance de ce jour : il fera envoyé un extrait de cet État aux Intendans des Provinces, & par eux , aux Commiffaires des guerres , chacun en ce qui les concerne ; & c'eft d'après cet état général , qui fera annexé au préfent Traité , que feront établies dans chaque Hôpital , les quantités des fournitures acceffoires aux lits & effets à l'ufage des malades , fuivant les nouvelles proportions & dimenfions prefcrites, tant par l'Ordonnance de ce jour, que par les conditions exprimées dans le préfent Traité.

4.

Compofition des lits propres à coucher deux malades.

CHAQUE lit ou couchette deftiné à coucher extraor-dinairement deux malades , fera compofé d'une couchette de bois de chêne, d'orme, de noyer, de peuplier, ou de fapin, ladite couchette élevée de terre de *quinze pouces , de quatre pieds de largeur , & de cinq pieds neuf à dix pouces de longueur* de dedans en dedans; la paillaffe & le matelas feront de même largeur & longueur. La paillaffe fera remplie de *quarante à quarante-cinq livres* de

paille ; le matelas rempli *moitié crin & moitié laine*, ou
de *deux tiers de l'une ou l'autre espèce ;* le tout bien apprêté
& couvert de toile leſſivée, de même que le chevet qui
doit avoir *trois pieds* de pourtour : leſdits matelas & chevet
devant peſer enſemble *trente - cinq livres*, la toile non
compriſe, qui doit peſer environ cinq livres.

5.

LES couvertures feront de laine blanche ou verte,
elles auront de longueur *huit pieds dix pouces à neuf pieds*,
& de largeur *ſept pieds trois à ſix pouces*, & pèſeront,
neuves, *de dix à douze livres.*

6.

LES draps, à raiſon de trois paires par lit, feront faits
de toile forte de lin ou de chanvre, demi – blanche, &
auront de longueur *neuf pieds ou neuf pieds un ou deux
pouces*, & de largeur *de ſix pieds ſix pouces, à ſix pieds
neuf pouces.*

7.

IL ſera permis audit Jean Morel de ſupprimer les
paillaſſes dans les lits, & d'y établir, dans le tout ou
partie, des chaſſis ſanglés pour tenir lieu de ces paillaſſes,
auquel cas les longs & courts pans pourront être diminués
de hauteur, mais la couchette devra être alors élevée de
terre de *dix-huit à vingt pouces.*

8.

LES pailles des paillaſſes feront renouvelées lorſqu'elles
feront briſées, & lorſque les Officiers de ſanté, de concert
avec le Commiſſaire des guerres chargé de la police de
l'Hôpital, le jugeront néceſſaire ; mais les pailles des
paillaſſes qui auront ſervi aux hommes morts, en feront
toujours changées.

9.

LES lits deſtinés à pouvoir coucher deux malades, ne
feront néanmoins occupés que par un, ſi ce n'eſt lorſqu'un

nombre de malades extraordinaires obligeroit de les coucher à deux : & dans ce dernier cas, les Officiers de fanté décideront des genres de maladies où les malades feront doublés.

I O.

SI par la fuite il étoit ordonné audit Jean Morel d'exécuter les remplacemens qu'il auroit à faire, ou partie, en lits à une place, lefdits lits feront compofés comme il fuit.

I I.

Compofitions des lits propres à coucher un malade.

CHAQUE lit pour y placer un feul malade, fera compofé d'un bois de lit ouvert, *de deux pieds & demi de largeur* d'un bois à l'autre, fur *fix pieds de longueur*, & fera, étant garni de fon matelas, de la même hauteur que les autres lits défignés aux articles 4 & 7.

I 2.

LA garniture de ces lits fera compofée d'un matelas & d'un traverfin, des mêmes matières, & dans les proportions exprimées ci-devant à l'article 4. Le matelas de *deux pieds & demi de largeur*, fur *fix pieds de longueur*; le chevet de *deux pieds & demi* de long, fur *trois pieds de tour* : lefquels matelas & traverfin pèferont enfemble *trente livres*, la toile non comprife, qui doit pefer environ *cinq livres*.

I 3.

LES draps, à raifon de trois paires par lit, compofés des mêmes toiles énoncées à l'article 6, auront de longueur *neuf pieds* ou *neuf pieds un à deux pouces*, fur *cinq pieds deux à quatre pouces de largeur*.

I 4.

LES couvertures de laine blanche ou verte, auront *huit pieds dix pouces à neuf pieds de longueur*, fur *cinq pieds trois à fix pouces de largeur*, & pèferont *de fept livres & demie à huit livres*.

I 5.

LES malades attaqués de maladies qui expofent les
matelas

matelas à être gâtés, feront toujours couchés fur ces lits à une place ; alors, & dans ce cas feulement, il fera permis audit Jean Morel de ne donner à ces fortes de malades que des paillaffes au lieu du matelas défigné en l'article 4. Ces lits ferviront également pour les malades ataqués de maladies contagieufes, & qui, par cette raifon, doivent être traités dans des chambres ou lieux féparés des falles ordinaires, autant que le local de l'Hôpital le permettra.

16.

INDÉPENDAMMENT des articles qui entrent dans la compofition ordinaire des lits auxquels il a été ajouté une troifième paire de draps, ledit Jean Morel entretiendra une certaine quantité de couvertures de laine en fus, pour fervir au befoin, lefquelles feront établies à raifon d'une pour quatre lits.

17.

IL fera de plus entretenu, dans chaque Hôpital, une certaine quantité de matelas de crin, du poids de *quinze livres*, toile non comprife pour ceux des malades auxquels ce foulagement pourroit être néceffaire ; & ces matelas feront de même établis à raifon d'un pour quatre lits.

18.

OUTRE les effets énoncés dans les articles précédens, ledit Jean Morel entretiendra dans les Hôpitaux, pour le fervice de chaque lit de fixation, quatre chemifes, quatre coiffes de bonnet de bonne toile forte de chanvre ou de lin, communément appelée *toile demi - blanche de ménage,* un bonnet de laine, une affiette, une écuelle, deux pots à boire, l'un de pinte, l'autre de chopine, d'étain ou de terre, & un pot-de-chambre de terre verniffée ; plus une capote ou robe-de-chambre pour deux lits, & un pantalon de groffe toile grife pour deux lits ; ces derniers pour fervir aux galeux & vénériens, & les capotes ou robes-de-chambre, pour fervir aux bleffés & fébricitans.

B

19.

LE collet de chaque chemise aura *deux pouces quatre à six lignes de hauteur,* sur *un pied deux à quatre pouces de longueur* avec une boutonnière.

Le pan de derrière aura *trois pieds un ou deux pouces de longueur,* à compter du dessous du collet, & le pan de devant entre *deux pieds dix à onze pouces.*

L'ouverture dans le pan de devant aura, depuis le collet, *un pied deux pouces;* la largeur de chaque pan sera *de deux pieds un à deux pouces.*

Les manches auront chacune, depuis le défaut de l'épaule, *un pied sept à huit pouces de longueur, sur huit à neuf pouces de largeur* ployées, & il sera ajouté au haut de chacune, un gousset pour faciliter l'intromission du bras.

20.

POURRA néanmoins ledit Jean Morel avoir, dans chacun des Hôpitaux, un vingtième de la fixation en chemises ouvertes entièrement du haut en bas sur le devant, en forme de peignoirs, pour servir aux malades & blessés dont les maladies & blessures sont de nature à ne pouvoir changer facilement de linge. Ces chemises, qui d'ailleurs seront faites dans les dimensions fixées par l'article précédent, auront quatre boutonnières d'un côté & autant de boutons de l'autre pour les fermer sur le devant.

21.

LES chemises destinées pour le service des galeux & vénériens, feront dans la forme indiquée par l'article précédent & d'une grosse toile grise, sans néanmoins pouvoir être faites de toile d'étoupe.

22.

LES coiffes de bonnets coupées en rond par le haut, auront *deux pieds un à deux pouces de hauteur* sur *un pied de largeur* ployées.

23.

LES bonnets qui feront de tricot ou de drap, auront *neuf à dix pouces de hauteur* fur *dix à douze pouces de largeur* ployés.

24.

LES capotes, compofées de gros drap, ou d'une étoffe de laine & de fil mêlés, auront un collet de *deux pouces cinq à fix lignes de hauteur,* fur *un pied trois à quatre pouces de longueur,* avec un bouton à l'un des bouts & une boutonnière à l'autre. La longueur, à compter du bas du collet, fera *de trois pieds huit pouces à quatre pieds.* Les manches auront de longueur, depuis le défaut de l'épaule, *un pied fix à huit pouces, fur huit pouces de largeur* ployées. L'ampleur ou contour du bas, fera de *fix pieds huit pouces à fept pieds,* & du milieu du corps, de *quatre pieds trois à fix pouces.*

25.

LES pantalons auront *deux pieds fix à deux pieds huit pouces de hauteur,* ceinture comprife, qui fera de *trois pouces de hauteur* fur *deux pieds fix à dix pouces de pourtour,* avec un bouton à la droite & une boutonnière à la gauche.

26.

LES affiettes pèferont entre *douze à quatorze onces;* les écuelles, qui contiendront une chopine & un tiers de bouillon, pèferont entre *quatorze à feize onces.*

Les pots à boire, de pinte, pèferont entre *quatorze à feize onces;* & ceux de chopine, entre *neuf & douze onces;* le tout poids & mefure de Paris, & d'étain commun.

Il fera permis audit Jean Morel de fubftituer auxdites affiettes, écuelles & pots à boire d'étain, des affiettes, écuelles & pots à boire de terre.

27.

DANS les Hôpitaux des Eaux minérales qui ne font

ouverts que dans la faifon des Eaux, les malades, hors les infirmes, étant prefque toujours couchés à deux, en raifon de l'affluence des Soldats qui y font envoyés, il fera établi dans ces Hôpitaux, dont la nature exige une plus grande quantité de fournitures acceffoires en linge, huit chemifes par chaque lit à deux, huit coiffes de bonnet, deux bonnets de laine, une capote & huit ferviettes ou linges à effuyer au fortir des bains; à l'exception néanmoins des lits de l'infirmerie deftinés à recevoir un feul malade, lefquels ne doivent être garnis d'effets acceffoires, que dans la proportion des Hôpitaux ordinaires.

28.

Effets & uftenfiles.

LEDIT Jean Morel fournira également & entretiendra, dans les différens ordres d'Hôpitaux foumis au préfent Traité, la quantité d'effets & uftenfiles en cuivre, étain, fer noir, fer-blanc, bois, verrerie, poterie, & généralement tous autres néceffaires aux cuifines, aux manœuvres des Hôpitaux & à leurs pharmacies; & il aura la première année de fon fervice pour compléter cette fourniture, de manière que la quantité de ces uftenfiles foit établie dans une proportion fuffifante pour tous les befoins du fervice.

29.

LORSQUE les befoins du fervice exigeront une augmentation de fournitures dans quelques Hôpitaux, ou une plus grande quantité de lits en réferve que celle qui fe trouve préfentement établie dans l'État général de fixation, ledit Jean Morel fera tenu d'exécuter les ordres qui lui feront donnés à cet égard, & d'en faire les avances au moyen du nouveau prix de l'abonnement qui fera réglé pour cet objet.

30.

Blanchiffage du linge.

LE blanchiffage de tout le linge que ledit Jean Morel doit, fuivant le préfent Traité, fournir dans les Hôpitaux, fera à fa charge; les malades feront changés
de

de linge tous les famedis dans chaque Hôpital, & plus fouvent, s'il eft néceffaire, hors néanmoins les galeux & les vénériens, qui gardent la même chemife pendant prefque tout le temps de leur traitement; bien entendu cependant qu'il fera fourni du linge de fueur autant de fois qu'il fera néceffaire; à l'effet de quoi, il en fera toujours tenu une quantité fuffifante dans l'armoire de chaque falle, à la garde de l'Infirmier : le linge des vénériens & galeux fera leffivé à part, de même que le linge à panfement ou deftiné à faire de la charpie.

3 1.

A l'époque du 1.ᵉʳ Juillet 1781, tous les lits, effets & uftenfiles défignés dans les articles précédens, qui fervent actuellement dans les Hôpitaux foumis au préfent Traité, & qui appartiennent, les uns au Roi, aux villes & provinces, les autres à des Entrepreneurs, feront repris par ledit Jean Morel & payés immédiatement aux Propriétaires, fur une eftimation d'Experts convenus ou nommés d'offices par les Intendans, en cas de conteftation; nonobftant les différences des anciennes formes, dimenfions & compofitions, d'avec celles fixées dans lefdits articles précédens, & continueront de fervir dans les Hôpitaux, jufqu'à ce qu'ils foient ufés & hors de fervice; bien entendu que les articles fufceptibles de recevoir les dimenfions prefcrites & les poids ordonnés, feront établis dans l'état où ils doivent l'être immédiatement après ladite époque : quant aux articles qui ne pourront être établis tout de fuite dans les formes, dimenfions, poids & mefures du préfent Traité, ledit Jean Morel s'y conformera lors des remplacemens; ce qui fera conftaté par un procès-verbal de réception du Commiffaire des guerres chargé de la police, avant leur introduction dans chaque Hôpital.

3 2.

Il fera permis audit Jean Morel d'établir en fer battu, non-feulement les chaudières & marmites, mais encore tous les autres effets en cuivre qui fervent à la préparation & manutention des alimens & médicamens.

33.

TOUTES les fournitures ci-deffus mentionnées en lits, effets & uftenfiles feront faites & entretenues par ledit Jean Morel dans tous les Hôpitaux militaires dont il fera chargé, au moyen du prix de l'abonnement qui fera fixé.

34.

A la même époque du 1.ᵉʳ Juillet prochain, à laquelle fe fera l'inventaire de tous les lits, effets & uftenfiles qui feront repris par ledit Jean Morel, conformément à l'article 31 précédent, il fera fait en même temps un inventaire de tous les effets à demeure appartenans au Roi, & il fera envoyé au Secrétaire d'État ayant le département de la Guerre, ainfi qu'à l'Intendant de la Province, une expédition de cet inventaire, qui fera renouvelé chaque année.

35.

INDÉPENDAMMENT des lits, effets & uftenfiles que ledit Jean Morel entretiendra dans les Hôpitaux militaires fufdénommés, ledit Jean Morel devant être particulièrement chargé, fous des conditions différentes, de la fourniture des alimens & médicamens, cette fourniture, qui comprendra tous les articles ci-après mentionnés, fera faite comme il fuit.

36.

Alimens. LES alimens pour la journée entière des malades feront fixés dans la vifite du matin par les Officiers de fanté de l'Hôpital.

37.

Viande. IL fera mis dans la marmite pour chaque malade, y compris ceux qui font à la diète, & pour chaque fervant en fanté nourri à l'Hôpital, une livre de viande par jour,

poids de marc ; deux tiers de bœuf, & l'autre tiers de
veau ou de mouton, ou de l'un & de l'autre enfemble,
fans qu'il puiffe y être admis de tête, de cœur, freffure,
ou pieds. Laquelle livre de viande cuite & fans os,
reviendra à dix onces. Au moyen de quoi, la portion
complète d'un malade fera de cinq onces à chaque diftribution du matin & du foir ; les trois quarts, demis &
quarts en proportion.

38.

LA pefée de la viande fera faite à raifon d'une demi-
livre de viande pour chaque homme à fept heures du foir
pour la diftribution du dîner du jour fuivant, & entre
neuf à dix heures du matin pour la diftribution du fouper ;
& fi dans l'intervalle de la pefée à la mife de la viande
dans la marmite, il entroit quelque malade à l'Hôpital,
dans ce cas feulement, il fera ajouté à la pefée une
demi-livre de viande pour chaque entrant.

39.

LORSQUE les Officiers de fanté jugeront à propos *Régime végétal.*
d'interdire l'ufage de la viande & du bouillon gras aux
Soldats attaqués de maladies inflammatoires, putrides, ou
autres, il fera fuppléé à ce régime par un bouillon maigre,
fait avec des herbes ou végétaux, ainfi qu'il fera prefcrit
par les Officiers de fanté ; mais ceux-ci feront obligés
de noter, fur leur vifite, les malades auxquels ce régime
fera prefcrit, avant la pefée de la viande, pour qu'alors
celle de ces malades en foit diftraite.

40.

LA ration de pain pour chaque malade à portion entière, *Pain.*
& chaque fervant en fanté, fera de *vingt-quatre onces* de
pain ; il fera de pur froment, de bonne qualité & bien cuit.

41.

CHAQUE pain refroidi, qui fera fourni dans les Hôpitaux fera de poids, d'une ou deux rations complètes pour
en faciliter la divifion, avec le plus de précifion poffible &

fans pefer , en trois quarts de portion , demis, quarts , demi - quarts ou foupes. Il fera pefé à l'entrée dans la dépenfe , & ce qui fe trouvera alors de mauvaife qualité ou de moindre poids , fera rejeté.

42.

Légers alimens. LES alimens extraordinaires, connus dans les Hôpitaux fous le titre de *légers alimens* , confifteront en œufs à la coque, en pruneaux, en lait fimple , bouillie au lait, panades , riz au gras & riz au lait; ils pourront être ordonnés en une feule efpèce feulement aux malades qui , étant au régime gras , feront à la demi-portion & au-deffous, les panades & riz au gras tenant alors lieu de foupe , attendu que la portion de bouillon de ces malades y eft employée. Et à l'égard des malades qui feront au régime végétal , les Officiers de fanté pourront ordonner des légers alimens en plufieurs efpèces, fuivant que l'état du malade l'exigera.

43.

IL entrera dans une panade *trois onces de pain* bis blanc ; *deux onces de riz* dans une portion de riz au gras ou au lait ; & *deux onces de farine* dans une bouillie : la portion de lait fimple fera d'*une chopine* , mefure de Paris, & il entrera *une chopine* de lait dans une bouillie & dans un riz au lait; & enfin *trois onces* de pruneaux pefés avant la cuiffon , pour une portion de pruneaux.

44.

LES Officiers de fanté feront néanmoins les maîtres de diminuer les quantités de ces légers alimens, en les exprimant dans leurs vifites par portions , trois quarts, demis & quarts, comme il eft d'ufage de le faire pour les autres alimens.

45.

Boiffons. LA portion de vin dans les Hôpitaux où cette feule boiffon eft en ufage , fera d'*une chopine* , mefure de Paris,

par jour, pour les malades qui feront à la portion d'alimens entière, de *trois quarts* de la chopine pour ceux qui
feront aux trois quarts, & *demi-fetier* pour ceux qui feront
à la demi-portion & au-deffous.

46.

Le vin, dans ces Hôpitaux, fera rouge ou blanc, tel
que le pays le produit; mais de bonne qualité : & au cas
que ledit Jean Morel ne puiffe en fournir que de la dernière
récolte, la diftribution ne pourra en être faite avant le
1.ᵉʳ Avril fuivant.

Vin.

47.

Dans les Places dont les environs ne produifent
point de vin, il pourra y être fuppléé par de la bière dans
les pays où cette boiffon eft en ufage, & par du cidre
dans ceux qui en produifent, & le vin n'y fera donné
que comme potion cordiale.

48.

La portion de la bière pour la journée d'un malade
fera d'*un pot*, mefure de Paris, pour les malades à la
portion entière; *des trois quarts* du pot pour ceux qui
feront *aux trois quarts* de portion, & d'*une pinte* par jour
pour ceux qui feront à la demi-portion & au-deffous; le
tout en moyenne bière, faite avec des matières neuves,
dans la compofition de laquelle il entrera moitié des
matières qui entrent communément dans la formation de
la bière forte, fuivant l'ufage du pays.

Bière.

49.

La portion de cidre d'une qualité moyenne entre la
première & le petit cidre, fera d'*une chopine & demie* par
jour, mefure de Paris, pour les malades à la portion
entière; les *trois quarts & demis* en proportion : la demi-
portion de cidre fera donnée aux malades qui font à la
demi-portion & au-deffous.

Cidre.

D

50.

LA désignation de la quotité d'alimens que doit avoir chaque malade, fixée dans les visites des Officiers de santé, règlera en même-temps la quotité proportionnelle de boisson de ce malade ; mais il n'en sera néanmoins donné à aucun, quelle que soit la quotité d'alimens solides, qu'autant que les Officiers de santé l'auront expressément ordonné par leur visite : il ne pourra jamais être ordonné à un même malade du vin & de la bière ou cidre pour la même distribution.

51.

Traitement des Officiers des Troupes du Roi.

IL sera fourni aux Officiers des Troupes du Roi & autres, qui ont le droit d'entrer dans les Hôpitaux & d'y être traités comme Officiers, le double en valeur de ce qui compose les alimens d'un Soldat malade : les Officiers de santé règleront en conséquence, une fois pour toutes, dans chaque Hôpital, ce qui sera mis de viande à la marmite pour chaque Officier malade ; ils règleront en même temps de quel poids sera la portion entière de pain, de quelle quantité sera la portion entière de vin, bière ou cidre, de façon que, sur les visites journalières des Officiers de santé, où les détails des portions, trois quarts, demis, &c. seront exprimés, le Directeur de l'Hôpital puisse connoître précisément ce qu'il devra donner en alimens ou légers alimens aux Officiers malades.

52.

Traitement en maladie des Employés dans les Hôpitaux.

LES Officiers de santé qui entreront malades dans les Hôpitaux, y seront traités comme Officiers ; & les Élèves-chirurgiens & Apothicaires, & autres servans, comme Soldats.

53.

Médicamens & Pharmacie.

LEDIT Jean Morel fournira également tous les remèdes, tant internes qu'externes, qui seront jugés nécessaires pour le traitement de toutes les maladies fans exception, comme vin, eau-de-vie, embrocation, purgatifs, rafrachîffemens, fomnifères, cordiaux, tifane commune pour les boiffons ordinaires, charpie, linge à panfemens, & généralement tous les remèdes & médicamens de quelque nature qu'ils puiffent être, fuivant qu'ils font réglés par le formulaire des Hôpitaux ; le tout de bonne qualité reconnue par les Officiers de fanté, & conformément à ce qui eft prefcrit par l'Ordonnance de ce jour.

54.

IL ne pourra être introduit, dans les Hôpitaux, aucune eau-de-vie de grains, de cidre ou d'autres matières non provenues du vin & du raifin, à peine de quinze cents livres d'amende contre ceux qui fe feroient rendus coupables de ce délit, à moins cependant que les Officiers de fanté ne jugent à propos d'en employer d'autres ; auquel cas ils en donneront l'ordre par écrit, vifé du Commiffaire des guerres, à l'Apothicaire en chef de l'Hôpital.

55.

LA Pharmacie fera établie, à moins d'impoffibilité abfolue, dans l'intérieur de l'Hôpital, & dans un lieu qui ne foit ni trop fec ni trop humide ; & il fera inceffamment donné des ordres aux Intendans des Provinces à l'effet de déplacer les Pharmacies & magafins de Pharmacie qui ne feroient pas dans des lieux convenables pour la confervation des médicamens.

56.

NE pourra ledit Jean Morel, en quelque cas que ce foit, fournir ni faire fournir aucuns remèdes & médicamens de ladite Pharmacie, à d'autres qu'aux malades de l'Hôpital, fous telles peines qu'au cas appartiendra.

57.

LES compofitions galéniques feront faites pour tous les Hôpitaux militaires, dans ceux auxquels font attachés *Compofitions magiftrales.*

des Amphitéâtres, tant en préfence des Officiers de fanté, pour affurer la bonté des compofitions, qu'en préfence de tous les Apothicaires & Chirurgiens appointés & furnuméraires de ces Hôpitaux, pour leur inftruction. L'Apothicaire en chef de chacun de ces trois Hôpitaux tiendra un regiftre defdites compofitions, qui fera figné fur chaque article & à chaque opération, par les Officiers de fanté de ces Hôpitaux ; & c'eft d'après ce regiftre, que feront enfuite réglés les tarifs qui fixeront les prix defdites compofitions, conformément à l'Ordonnance de ce jour.

58.

TOUTES les autres préparations & manipulations journalières, feront faites par l'Apothicaire en chef de chacun des autres Hôpitaux, conformément au formulaire des Hôpitaux militaires, & *au Codex de Paris pour les articles qui n'y feroient point compris.*

59.

Chapelle. IL fera tenu de l'entretien de la Chapelle pour célébrer journellement la Meffe ; ledit entretien confiftant en fourniture de pain à chanter, vin & luminaire, raccommodage & blanchiffage du linge & des autres ornemens, le furplus étant à la charge du Roi.

60.

SI dans quelques Hôpitaux les effets, linges, livres & ornemens de la Chapelle n'appartiennent point au Roi, ils feront repris à fon compte, par eftimation d'Experts.

61.

Chauffage & lumière. AUX approches de l'hiver, les Commiffaires des guerres feront vifiter & mettre en état les poëles, fourneaux fervant à chauffer les falles & leurs tuyaux, dont la fourniture eft au compte du Roi, & obligeront le Directeur à faire une provifion fuffifante de bois, charbon de terre ou tourbes, fuivant l'ufage du pays où font fitués les Hôpitaux.

62. LE

62.

LE feu commencera à être allumé dans les falles, aux jours qui feront fixés par les Officiers de fanté, à la fin d'Octobre ou au commencement de Novembre, ou plus tard, fuivant la température du climat & les befoins des malades, pour être éteint au printemps, à l'époque qu'ils fixeront également. Alors lefdits Officiers auront feuls le droit de faire graduer la chaleur, fuivant qu'ils le trouveront bon, par les ordres qu'ils donneront journellement au Sergent de planton, qui fera obligé de les exécuter.

63.

LORSQUE les feux font fupprimés & éteints dans les falles des malades, ledit Jean Morel entretiendra, foit dans la tifanerie, foit dans la cuifine ou ailleurs, un feu léger, pour tenir les tifanes au degré de chaleur convenable, fans qu'il puiffe alors être jamais porté ni entretenu de feu dans les falles, finon dans le moment des panfemens.

64.

LE chauffage des bains, tant pour les malades & bleffés que pour les galeux & vénériens, fera également à la charge dudit Jean Morel, qui fournira d'ailleurs tout le bois & charbon néceffaires, tant pour la cuiffon des alimens, que pour l'ufage de la tifanerie, pharmacie & les panfemens.

65.

IL fera entretenu aux frais dudit Jean Morel, une lumière dans chaque falle pendant la nuit ; il fera fourni également une chandelle proportionnée à la longueur des nuits pour la chambre de garde des Chirurgiens, & une pour celle des Apothicaires, à moins qu'ils ne foient réunis dans la même.

66.

TOUS les Employés, tant en fanté qu'en maladie,

E

feront au compte dudit Jean Morel, ainfi que les domeftiques néceffaires au fervice intérieur de l'Hôpital , à
l'exception des Infirmiers , du Garçon de Pharmacie, du
Portier & autres que le Roi a pris à fon compte.

Tous les frais quelconques de bureaux, d'écritures & de
comptabilité refteront à la charge dudit Jean Morel.

67.

LES boiffons & denrées de confommation de toutes
efpèces , foit que le pays les procure, foit qu'elles foient
tirées d'autres Provinces ou de l'Étranger, de même que
tous les effets & uftenfiles, drogues & médicamens deftinés
pour le fervice des Hôpitaux, pourront entrer dans le
Royaume & y circuler librement d'une province ou d'une
ville à l'autre , en exemptions de tous les droits généralement quelconques dûs au Roi, aux villes ou provinces,
& aux Seigneurs particuliers, & il fera à cet effet délivré
audit Jean Morel les paffeports néceffaires.

68.

AU cas que, nonobftant l'exemption générale portée
en l'article précédent, il foit exigé aucun droit de quelque
efpèce que ce puiffe être, ledit Jean Morel en fera
rembourfé fur les quittances en bonne forme qu'il en
rapportera.

69.

TOUTES les denrées, effets de confommation & de
panfemens, drogues & médicamens qui exifteront au
1.er Juillet 1781 dans les mêmes Hôpitaux, & qui feront
reconnus de bonne qualité, feront également repris &
payés par ledit Jean Morel, fur l'eftimation qui en fera
faite.

70.

SOIT qu'il y ait des malades ou non dans les Hôpitaux, il fera payé audit Jean Morel par chacune année,
pour la fourniture, entretien & remplacement de tous
les lits & effets acceffoires fixés dans l'état annexé au

préfent Traité, ainfi que pour la fourniture de tous les uftenfiles & effets néceffaires à l'exploitation du fervice des Hôpitaux compris audit état, la fomme de

71.

LE prix de cet abonnement fera payé, à la déduction de quatre deniers pour livre, fur les ordonnances du Secrétaire d'État de la Guerre, par le Tréforier général de la Guerre, en deux termes égaux de fix en fix mois, en rapportant, par l'abonnataire, le certificat du Commiffaire des guerres chargé de la police de chaque Hôpital, portant que le nombre de lits y eft entretenu conformément aux fixations réglées, & que lefdits Hôpitaux font fuffifamment garnis d'effets & uftenfiles néceffaires au fervice; lefquels certificats devront être vifés par les Intendans des Provinces.

72.

AU moyen de ce que le prix de l'abonnement de la fourniture & entretien des lits, effets & uftenfiles fera payé en tout temps, foit qu'il y ait des malades ou non dans les Hôpitaux, & que le bénéfice que pourra faire ledit Jean Morel fur la confervation de fes fournitures, lorfqu'il y aura peu de malades, compenfera de refte la perte qu'il pourra faire fur le moindre nombre de journées, & qu'il trouvera réciproquement la compenfation de l'ufé de fes fournitures lorfqu'il y aura un plus grand nombre de malades, il ne pourra, dans aucun cas & fous quelque prétexte que ce puiffe être, demander d'indemnité, finon dans les cas de force majeure qu'il eft d'ufage d'excepter, & qui feront énoncés à la fuite de ce Traité.

73.

LE prix de la journée d'alimens & médicamens des Soldats & des Servans en fanté, fera payé audit Jean Morel, en temps de paix comme en temps de guerre, pour les Hôpitaux fédentaires dans l'intérieur du Royaume, à raifon de

Et quoique le préfent Traité ait été fait & convenu, avec ledit Jean Morel, pour avoir lieu pendant douze années confécutives, à commencer du 1.er Juillet prochain, il fera cependant fait, après les trois premières années expirées, une nouvelle évaluation de la valeur des objets de confommation, & réglé de nouveau, audit Jean Morel, un prix à la journée de malade, tant d'après ladite évaluation qu'en conféquence du réfultat de la geftion des trois précédentes années, dont il fera donné connoiffance au Secrétaire d'Etat ayant le département de la Guerre, lorfqu'il le requerra, par ledit Jean Morel, & ainfi de fuite de trois en trois années.

Les journées de l'Officier & traité comme tel, lui feront payées à

74.

LEDIT Jean Morel fera en outre payé par le Roi de quarante fous pour chaque enterrement, à la charge par lui de fournir le fuaire pour enfevelir le mort, & de payer à l'Aumônier dix fous pour chacun.

75.

IL fera également payé, au compte du Roi, fix fous par fortie de chaque convalefcent qui fortira de l'Hôpital ; au moyen de quoi, il fera obligé de prendre foin des habits, armes & autres effets des malades, pour les leur rendre à leur fortie.

76.

LES payemens des journées, forties & fépultures, lui feront faits comme il fuit.

77.

LA folde des Soldats malades, à l'exception de ce qui eft attribué à la maffe du linge & chauffure, fera retenue au profit dudit Jean Morel, fur le prêt des Troupes, foit que les malades faffent partie des Troupes de la garnifon, foit qu'ils foient des garnifons externes,

& le

& le prix auquel fe porteront les journées des Officiers & Cadets-gentilshommes, fur les traitemens & appointemens dont ils jouiffent; & le montant de ces retenues fera payé comptant tous les deux mois, par le Tréforier particulier de la Place, entre les mains du Directeur de chaque Hôpital, fuivant les états ou feuilles defdites retenues qui feront dreffés tous les deux mois par lefdits Directeurs, & arrêtés par les Commiffaires des guerres.

78.

LADITE retenue de folde, fur les Troupes & fur les appointemens des Officiers, fera faite conformément aux tarifs arrêtés par le Secrétaire d'État ayant le département de la Guerre; s'obligeant ledit Jean Morel à porter, en déduction du prix qui lui eft accordé par journée par l'article 73, lefdites retenues, telles qu'elles feront réglées par les tarifs qui les auront fixés, & auxquels il fe conformera pour exercer lefdites retenues.

79.

LE fupplément au-delà de la retenue, ainfi que les autres dépenfes auxquelles ledit Jean Morel fera tenu de fatisfaire, lui feront payés par le Tréforier de la Guerre, d'après les ordonnances qui lui feront expédiées tous les deux mois par les Intendans des Provinces, fur les états qui en feront dreffés, conformément à l'Ordonnance de ce jour.

80.

LE ROI ayant pris à fon compte les appointemens des Officiers de fanté, des Chirurgiens & Apothicaires-élèves & des Servans & autres dénommés dans l'Ordonnance de ce jour, ledit Jean Morel s'oblige de les payer tous les deux mois, conformément à ce qui eft prefcrit par ladite Ordonnance; & il fera pourvu à fon rembourfement de la manière qu'il a été règlé par l'Ordonnance de ce jour.

81.

LES Commis aux falles, les Chirurgiens & Apothicaires-élèves feront nourris dans les Hôpitaux, fur le pied des marchés, ou payés en argent au même prix.

Les Portiers, Infirmiers & Servans des Hôpitaux y feront nourris en fanté & maladie à la portion du malade, & les journées des uns & des autres feront portées dans les états de dépenfes de chaque deux mois, au même prix que celles du Soldat.

82.

Fonds d'avances. POUR mettre ledit Jean Morel en état de fubvenir au payement des appointemens & gages des Chirurgiens & Apothicaires-élèves, Infirmiers & Domeftiques, pour la partie qui en fera au compte du Roi, & de faire enfin toutes les avances néceffaires au fervice dont il eft chargé, ledit Jean Morel fera tenu de faire un fonds de deux cents quarante mille livres, à compter du 1.er Juillet 1781, qu'il s'oblige d'appliquer aux befoins du fervice courant, fans qu'il puiffe répéter aucun intérêt pendant le cours de chaque année de fon fervice, des fommes qu'il aura ainfi avancées jufqu'à la concurrence de celle de deux cents quarante mille livres.

83.

IL lui fera fourni des magafins fuffifamment efpacés, pour contenir les approvifionnemens qu'il fera tenu de faire en tous genres, comme auffi pour refferrer les pailles dont il aura befoin.

84.

LORSQUE des circonftances néceffiteront des tranf-ports tant en effets & uftenfiles qu'en denrées, ledit Jean Morel fera tenu d'exécuter les ordres qui lui feront donnés à cet égard; & dans ce cas, lefdits tranfports feront au compte du Roi, ainfi que les avaries qui pourroient en réfulter, lorfqu'elles feront conftatées par des procès-verbaux en bonne forme.

85.

EN cas de fiége, bombardement, reddition des Places, feu du ciel, évènemens ou pertes imprévues, non provenant du fait de Jean Morel ou de fes Prépofés, le prix de tous les effets, uftenfiles & denrées perdus par

ces accidens, fera remboursé audit Jean Morel, en rapportant par lui des procès-verbaux en bonne forme ,
contenant la quantité, qualité & prix des objets perdus,
dreffés par les Commiffaires des guerres, fignés & certifiés
par les Commandans des Places, & feront lefdits procès-
verbaux de nulle valeur, s'ils ne font remis à l'Intendant
de la Province dans le mois.

86.

S'IL furvient des conteftations pendant le cours du
préfent Traité, foit entre ledit Jean Morel & fes Directeurs, Commis, Employés & Servans , foit avec les
Officiers de fanté, foit avec les Fourniffeurs des différens
effets & denrées qui fervent aux Hôpitaux , foit enfin
des uns & des autres entr'eux, la décifion du tout fera
foumife aux Intendans des Provinces, où la conteftation
fera née, & portée en définitif au Tribunal du Secrétaire
d'État ayant le département de la Guerre, fans que qui
que ce foit puiffe fe pourvoir ailleurs.

87.

LEDIT Jean Morel, fes Cautions, Commis & Prépofés,
& tous autres Employés & Servans des Hôpitaux , fans
exception, feront exempts de Milice , Guet, Garde,
logement des Gens de guerre , de toutes corvées &
autres charges publiques , & de fournir aucune chofe
pour ce fujet pendant tout le temps du préfent Traité.

88.

INDÉPENDAMMENT des conditions ci-deffus énoncées,
lefquelles font uniquement relatives aux Hôpitaux fédentaires actuellement établis dans les provinces dénommées
dans ce Traité, ledit Jean Morel s'eft de plus foumis à
fe charger du fervice de tous les Hôpitaux en temps de
guerre , fous les conditions que les fournitures qu'il
s'oblige d'entretenir dans les Hôpitaux fédentaires du
Royaume , au moyen d'un abonnement , feront en
temps de guerre au compte du Roi ; & que la journée

d'alimens & médicamens, réduite à ce qui la compofe, dans le préfent Traité, fera pour lors fixée, fuivant les circonftances, par le Secrétaire d'État ayant le département de la Guerre, fur le compte qui lui en fera rendu par l'Intendant de l'armée.

89.

LEDIT Jean Morel s'engage fous la même réferve à diriger le fervice de tous les Hôpitaux extraordinaires, dont les circonftances néceffiteroient l'établiffement accidentel dans le Royaume.

90.

EN conféquence, ledit Jean Morel devant être chargé des Hôpitaux de ce genre qui font actuellement établis en Normandie & en Bretagne, defquels il lui fera donné connoiffance, & ce, à compter du 1.er Juillet prochain, il fera fait un inventaire de tous les effets & uftenfiles appartenans au Roi, dont ledit Jean Morel demeurera refponfable, & comptera particulièrement pour les rendre & remettre en nature & en quantité, tels qu'ils fe comporteront à l'expiration de ce fervice accidentel.

91.

A l'égard des denrées, alimens, médicamens, & de tous les objets compris fous cette dénomination, il en fera fait de même un inventaire au 1.er Juillet prochain, d'après lequel ils feront repris & payés à qui il appartiendra par ledit Jean Morel, fur l'eftimation qui en fera faite; après quoi tous les frais quelconques auxquels il eft tenu pour la partie des alimens & médicamens dans les Hôpitaux fédentaires, refteront de même à fa charge dans les Hôpitaux extraordinaires dont il s'agit, au moyen de ce que la journée de Soldat lui fera paffée au prix de   fans qu'il foit rien changé à celui de la journée d'Officier, & lui fera payée ainfi & de la même manière qu'il eft réglé par ce Traité pour les Hôpitaux fédentaires du Royaume.

92. LEDIT

92.

LEDIT Jean Morel se soumet au surplus à régir par lui-même ou à faire régir en son nom tous les Hôpitaux militaires dont il sera chargé, s'interdisant de passer aucun sous-Traité pour aucun desdits Hôpitaux, & se réservant seulement de passer des marchés particuliers pour les articles de consommation séparés qui pourroient en être susceptibles, & ce en présence des Commissaires des guerres, qui devront viser lesdits marchés.

93.

IL sera permis audit Jean Morel de se faire donner, par les Directeurs, Commis ou Préposés, des cautionnemens proportionnés à leur maniement, & même de les exiger.

ET pour sûreté de l'exécution du présent Traité, ledit Jean Morel a présenté pour Cautions les sieurs

JEAN-JACQUES LE GENDRE D'AMNEVILLE, Écuyer, Secrétaire du Roi, ancien Fermier général de Sa Majesté, demeurant à Paris, rue du Temple, paroisse Saint Nicolas:

JACQUES BALTUS, Écuyer, Contrôleur ordinaire des guerres, demeurant ordinairement à Metz, place & paroisse Saint Martin; & de présent à Paris, rue Royale, butte & paroisse Saint Roch:

FRANÇOIS-JOSEPH VEYTARD, Écuyer, Trésorier général de l'Ordre royal & militaire de Saint-Louis, & Greffier en chef de l'Hôtel-de-ville de Paris, demeurant audit Hôtel, place de Grève, paroisse Saint Jean:

MICHEL LANGLOIS, Écuyer, Avocat en Parlement, & Fourrier des Logis du Roi, demeurant à Belle-chasse, rue Saint-Dominique, paroisse Saint Sulpice, à Paris.

JEAN-BAPTISTE DEMARS DE GRANDPRÉ, Munitionnaire général de la Marine, & Régisseur des Hôpitaux de l'armée de M. le Comte de Rochambeau, étant actuellement en Amérique, & représenté par M. ÉTIENNE DEMARS son frère, se faisant & portant fort pour lui:

NICOLAS-LOUIS-JOSEPH ÉTHIS DE LA FLEURYE, demeurant ordinairement à Befançon ; & préfentement à l'hôtel de Louis XVI, rue Royale, butte & paroiffe Saint Roch à Paris,

ANTOINE-JEAN-FRANÇOIS LE GENDRE DE LA FERIERE, Écuyer, ancien Receveur général des Finances, rue du Temple, paroiffe Saint Nicolas, *Adjoint :*

AUGUSTE-JACQUES-NICOLAS BALTUS DE POUILLY, demeurant ordinairement à Metz ; & préfentement à Paris, rue Royale, butte & paroiffe Saint Roch, *Adjoint.*
Signé MOREL, D'AMNEVILLE, BALTUS, VEYTARD, LANGLOIS, DEMARS, ÉTHIS DE LA FLEURYE, DE LA FERIERE, BALTUS DE POUILLY.

LE ROI ayant approuvé que le préfent Traité ait fon exécution :

NOUS PHILIPPE HENRY, MARQUIS DE SÉGUR, Lieutenant général des Armées du Roi, Chevalier de fes Ordres, Gouverneur général & grand Sénéchal des pays de Foix, Donnezan & Andore, Gouverneur particulier du château de Foix, Lieutenant général en Champagne & Brie, Miniftre & Secrétaire d'État ayant le département de la Guerre, ftipulant pour Sa Majefté, en agréons & acceptons les conditions pour qu'elles foient exécutées fuivant leur forme & teneur.

FAIT à Marly le deux mai mil fept cent quatre-vingt-un. *Signé* SÉGUR.

EXTRAIT DE L'ÉTAT GÉNÉRAL
de la fixation des Lits dans les Hôpitaux militaires.

DÉSIGNATION des HÔPITAUX.	NOMS des Villes OÙ ILS SONT ÉTABLIS.	FIXATION DES LITS dans chaque Hôpital.	LITS en RÉSERVE.